L'Ikigai

La ricerca del tuo scopo e della felicità

Disclaimer:

Questo libro è destinato esclusivamente a scopo di intrattenimento e non deve essere considerato come consulenza professionale o medica. Le informazioni fornite in questo libro sono fornite "così come sono" e gli autori non garantiscono l'accuratezza, la completezza o l'idoneità delle informazioni fornite. L'utente si assume la responsabilità dell'utilizzo delle informazioni fornite in questo libro. Gli autori declinano ogni responsabilità per eventuali perdite o danni causati dall'utilizzo di questo libro o delle informazioni in esso contenute.

Introduzione all'Ikigai

L'Ikigai è una filosofia di vita giapponese che sta diventando sempre più popolare in tutto il mondo. In questo capitolo, scopriremo di cosa si tratta e come può influire positivamente sulla tua vita.

L'Ikigai è una parola giapponese che significa "ragione di essere". È la tua ragione di alzarti ogni mattina e di fare ciò che fai. L'Ikigai è ciò che ti dà un senso di significato e scopo nella vita. È ciò che ti motiva e ti ispira a perseguire i tuoi sogni.

L'Ikigai ha le sue radici nella cultura giapponese e nella filosofia Zen. Gli antichi giapponesi credevano che ognuno di noi ha un Ikigai interno, ma che spesso ci vuole tempo e riflessione per scoprirlo. Il processo di scoperta del proprio Ikigai è una pratica che richiede pazienza, introspezione e auto-riflessione.

L'Ikigai non è solo un concetto filosofico, ma anche un modo di vivere. Gli abitanti di Okinawa, un'isola giapponese famosa per la longevità dei suoi abitanti, credono che l'Ikigai sia la chiave per vivere una vita lunga e felice. Secondo la cultura di Okinawa, avere un Ikigai è fondamentale per trovare la felicità e la soddisfazione nella vita.

L'Ikigai può essere trovato in molte aree della vita, come il lavoro, le relazioni, gli hobby e le passioni. Quando trovi il tuo Ikigai, la tua vita diventa più significativa e soddisfacente. Ti senti motivato a fare di più e a perseguire i tuoi obiettivi con passione e determinazione.

Per trovare il proprio Ikigai, è importante fare alcune domande chiave su te stesso, come ad esempio:

- Quali sono le mie passioni?
- Quali sono le mie competenze?
- Quali sono le cose che mi rendono felice?
- Quali sono i miei valori fondamentali?

Riflettere su queste domande può aiutarti a scoprire il tuo Ikigai interno. Puoi anche cercare di sperimentare nuove attività e hobby per capire cosa ti piace di più.

In sintesi, l'Ikigai è una filosofia di vita giapponese che può aiutarti a trovare la tua ragione di essere e a vivere una vita più significativa e soddisfacente. La scoperta del proprio Ikigai richiede pazienza e auto-riflessione, ma può essere una pratica che cambia la vita.

La storia e l'origine dell'Ikigai

L'Ikigai ha una lunga storia che risale a molte centinaia di anni fa in Giappone. La parola Ikigai, infatti, ha origini antiche e radici profonde nella cultura e nella filosofia giapponese.

L'origine del termine Ikigai può essere fatta risalire al periodo Edo (1603-1868), in cui la parola era spesso associata alla nozione di "bene-essere" e "longevità". Nella regione di Okinawa, famosa per la longevità dei suoi abitanti, l'Ikigai era considerato un aspetto essenziale della vita, e spesso associato alla pratica di una dieta sana, all'esercizio fisico e allo stile di vita attivo.

Tuttavia, l'idea di Ikigai risale ancora più indietro nella storia del Giappone. Alcuni studiosi sostengono che l'Ikigai abbia avuto origine durante il periodo Heian (794-1185), quando i giapponesi iniziarono a sviluppare una forma di buddhismo molto influente in Giappone, noto come "Pure Land Buddhism".

Secondo questa dottrina, la felicità e la pace interiore possono essere raggiunte solo attraverso una pratica spirituale dedicata, e la scoperta del proprio Ikigai è considerata una componente fondamentale di questa pratica. In altre parole, l'Ikigai era visto come una sorta di "nirvana" personale, una condizione di completa armonia tra corpo, mente e spirito.

Nel corso dei secoli, l'Ikigai è diventato un concetto ampiamente diffuso in Giappone, tanto da essere incluso in molte opere letterarie e artistiche. Ad esempio, lo scrittore nativo di Okinawa, Shoshin Nagamine, ha scritto un libro intitolato "The Essence of Okinawan Karate-do", in cui l'Ikigai viene presentato come un aspetto fondamentale della pratica del karate.

Oggi, l'Ikigai è diventato un concetto universale, non limitato alla cultura giapponese. Molti esperti di psicologia e di benessere mentale in tutto il mondo hanno studiato l'Ikigai e hanno sviluppato tecniche e programmi per aiutare le persone a trovare la propria ragione di essere.

In sintesi, l'Ikigai ha una lunga e ricca storia in Giappone, dove è stato considerato un aspetto fondamentale del benessere e della longevità. Oggi, il concetto di Ikigai si è diffuso in tutto il mondo ed è diventato una componente importante delle pratiche di benessere e di autorealizzazione personale.

Come trovare il proprio Ikigai

Trovare il proprio Ikigai può sembrare un compito difficile e impegnativo, ma è possibile farlo. In questo capitolo, esploreremo alcune strategie e tecniche che possono aiutarti a scoprire la tua ragione di essere.

1. Identifica le tue passioni: La prima cosa da fare per trovare il proprio Ikigai è identificare le tue passioni. Quali sono le attività che ti piacciono di più? Cosa ti fa sentire vivo e appagato? Fai una lista di tutte le cose che ti piacciono e che ti motivano, anche se al momento sembrano distanti dai tuoi obiettivi attuali.
2. Identifica le tue competenze: Oltre alle passioni, è importante identificare anche le tue competenze. Quali sono le cose che sai fare bene? Quali sono le tue qualità e le tue capacità uniche? Fai una lista di tutte le tue competenze e qualità, anche quelle che non sembrano direttamente correlate alle tue passioni.
3. Identifica ciò che ti rende felice: La felicità è un elemento fondamentale dell'Ikigai. Chiediti: cosa ti fa felice? Quali sono le attività o le situazioni che ti fanno sentire appagato? Quando sei felice, sei più motivato e produttivo, quindi è importante considerare ciò che ti fa felice nella ricerca del tuo Ikigai.
4. Identifica i tuoi valori fondamentali: I valori fondamentali sono gli elementi che guidano le tue scelte e le tue azioni. Chiediti: quali sono i miei valori fondamentali? Cosa è importante per me? Cosa mi motiva a fare ciò che faccio? I tuoi valori

possono essere legati alla famiglia, alla carriera, alla spiritualità, alla creatività o ad altre aree della vita.

5. Sperimenta nuove attività: Una delle chiavi per trovare il proprio Ikigai è sperimentare nuove attività e hobby. Esplora cose che non hai mai fatto prima, prenditi il tempo di scoprire nuove passioni e interessi. Prova qualcosa di diverso e fuori dalla tua zona di comfort.
6. Cerca ispirazione: Ci sono molte fonti di ispirazione che possono aiutarti a trovare il tuo Ikigai. Leggi libri, guarda film e documentari, parla con le persone che ammiri. Cerca l'ispirazione ovunque, e lascia che ti guidi nella tua ricerca.

In sintesi, trovare il proprio Ikigai richiede tempo, pazienza e auto-riflessione. Identifica le tue passioni, competenze, ciò che ti rende felice e i tuoi valori fondamentali. Sperimenta nuove attività e cerca ispirazione. Ricorda che trovare il tuo Ikigai non è una gara, ma un processo di scoperta personale che può portare a una vita più significativa e soddisfacente.

I benefici dell'Ikigai per la salute mentale

L'Ikigai non è solo una filosofia di vita, ma può anche avere effetti positivi sulla salute mentale e sul benessere psicologico. In questo capitolo, esploreremo i benefici dell'Ikigai per la salute mentale.

1. Riduzione dello stress e dell'ansia: L'Ikigai può aiutare a ridurre lo stress e l'ansia nella vita quotidiana. Quando hai un Ikigai, sei motivato e ispirato a fare ciò che fai, e questo può aiutarti a gestire lo stress e l'ansia in modo più efficace.
2. Aumento dell'autostima e della fiducia: La scoperta del proprio Ikigai può aumentare l'autostima e la fiducia in se stessi. Quando hai un Ikigai, ti senti più sicuro delle tue scelte e delle tue azioni, e questo può portare a una maggiore autostima e fiducia in se stessi.
3. Miglioramento della salute mentale: L'Ikigai può avere effetti positivi sulla salute mentale in generale. Quando hai un Ikigai, ti senti più motivato e ispirato a fare ciò che fai, e questo può portare a una maggiore soddisfazione nella vita e a una migliore salute mentale in generale.
4. Aumento della resilienza: L'Ikigai può anche aumentare la resilienza, cioè la capacità di affrontare le difficoltà e le sfide della vita in modo efficace. Quando hai un Ikigai, sei motivato e ispirato a superare le difficoltà e le sfide, e questo può portare a una maggiore resilienza e capacità di adattamento.

5. Riduzione dei sentimenti di solitudine e isolamento: L'Ikigai può aiutare a ridurre i sentimenti di solitudine e isolamento. Quando hai un Ikigai, hai una ragione di essere e di connetterti con gli altri in modo significativo. Questo può portare a relazioni più forti e a un senso di comunità più forte.
6. Miglioramento della qualità della vita: Infine, l'Ikigai può portare a un miglioramento generale della qualità della vita. Quando hai un Ikigai, la tua vita ha un senso di significato e di scopo, e questo può portare a una maggiore soddisfazione e felicità nella vita.

In sintesi, l'Ikigai può avere molti benefici per la salute mentale e il benessere psicologico. Può aiutare a ridurre lo stress e l'ansia, aumentare l'autostima e la fiducia in se stessi, migliorare la salute mentale in generale, aumentare la resilienza, ridurre i sentimenti di solitudine e isolamento e migliorare la qualità della vita.

L'Ikigai come strumento di resilienza

La resilienza è la capacità di affrontare le sfide della vita e di superare le difficoltà in modo efficace. L'Ikigai può essere un potente strumento per aumentare la resilienza e la capacità di adattamento in situazioni difficili. In questo capitolo, esploreremo come l'Ikigai può essere utilizzato come strumento di resilienza.

1. Focus sulla motivazione interna: L'Ikigai è basato sulla motivazione interna e sulla scoperta della propria ragione di essere. Questo significa che quando si ha un Ikigai, si è motivati da un senso di scopo e di significato interno. Questo può essere un fattore chiave per aumentare la resilienza, poiché la motivazione interna è spesso più forte di quella esterna.
2. Concentrarsi sulla ricerca di soluzioni: L'Ikigai implica la ricerca di soluzioni e la sperimentazione di nuove attività e interessi. Questo può essere un potente strumento per aumentare la resilienza, poiché la ricerca di soluzioni implica la volontà di affrontare le difficoltà e di trovare modi per superarle.
3. Sviluppare la consapevolezza e la flessibilità mentale: La pratica dell'Ikigai implica anche lo sviluppo della consapevolezza e della flessibilità mentale. Queste competenze sono fondamentali per aumentare la resilienza, poiché permettono di adattarsi alle situazioni in modo efficace e di affrontare le difficoltà con una mente aperta e flessibile.
4. Accettare il cambiamento e l'incertezza: L'Ikigai può anche aiutare a sviluppare la capacità di

accettare il cambiamento e l'incertezza. Questo può essere un fattore chiave per aumentare la resilienza, poiché il cambiamento e l'incertezza sono spesso le sfide più difficili da affrontare nella vita.

5. Mantenere la connessione con gli altri: Infine, l'Ikigai può aiutare a mantenere la connessione con gli altri, anche durante situazioni difficili. La connessione con gli altri può essere un fattore chiave per aumentare la resilienza, poiché ci dà il sostegno emotivo e la forza necessaria per superare le difficoltà.

In sintesi, l'Ikigai può essere un potente strumento per aumentare la resilienza e la capacità di adattamento in situazioni difficili. Concentrarsi sulla motivazione interna, sulla ricerca di soluzioni, sulla consapevolezza e sulla flessibilità mentale, sull'accettazione del cambiamento e dell'incertezza e sulla connessione con gli altri può essere utile per aumentare la resilienza e affrontare le difficoltà della vita in modo efficace.

L'Ikigai e la filosofia giapponese

L'Ikigai ha radici profonde nella cultura e nella filosofia giapponese. In questo capitolo, esploreremo come l'Ikigai si collega alle principali scuole di pensiero giapponesi.

1. Il buddhismo: Il buddhismo è una delle principali influenze sulla cultura giapponese, e l'Ikigai ha una forte connessione con questa religione. La dottrina buddhista insegna che la felicità e la pace interiore possono essere raggiunte solo attraverso una pratica spirituale dedicata, e la scoperta del proprio Ikigai è considerata una componente fondamentale di questa pratica.
2. Il confucianesimo: Il confucianesimo è un'altra importante scuola di pensiero giapponese, che si concentra sull'etica e sulla moralità. L'Ikigai può essere visto come un aspetto importante della moralità e dell'etica, poiché la scoperta del proprio Ikigai può aiutare a vivere in modo più significativo e allineato ai propri valori.
3. Il taoismo: Il taoismo è una scuola di pensiero cinese che ha influenzato anche la cultura giapponese. Il taoismo insegna che la vita deve essere vissuta in armonia con il mondo naturale, e l'Ikigai può essere visto come un aspetto di questa armonia. Trovare il proprio Ikigai può aiutare a vivere in armonia con la propria natura interiore e con l'ambiente naturale che ci circonda.
4. Il bushido: Il bushido è il codice di comportamento dei samurai giapponesi, che si concentra sull'onore, sul coraggio e sulla lealtà. L'Ikigai può essere visto come un aspetto importante del bushido, poiché la scoperta del proprio Ikigai può aiutare a vivere con

onore e coraggio, e a perseguire i propri obiettivi con lealtà e determinazione.

5. Il wabi-sabi: Il wabi-sabi è un'altra importante filosofia giapponese, che si concentra sulla bellezza dell'imperfezione e dell'effimero. L'Ikigai può essere visto come un aspetto del wabi-sabi, poiché la scoperta del proprio Ikigai può aiutare a trovare la bellezza nella propria imperfezione e nella transitorietà della vita.

In sintesi, l'Ikigai è strettamente legato alla cultura e alla filosofia giapponese, con forti connessioni con il buddhismo, il confucianesimo, il taoismo, il bushido e il wabi-sabi. La scoperta del proprio Ikigai può aiutare a vivere in armonia con la propria natura interiore, i propri valori e l'ambiente naturale, e a perseguire i propri obiettivi con lealtà, coraggio e determinazione.

L'Ikigai come stile di vita

L'Ikigai non è solo una filosofia o una teoria, ma può diventare uno stile di vita. In questo capitolo, esploreremo come l'Ikigai può essere vissuto come uno stile di vita.

1. Ricerca continua: Uno degli aspetti fondamentali dell'Ikigai è la ricerca continua della propria ragione di essere. Questa ricerca non finisce mai, poiché la vita è un percorso di scoperta e di crescita continua. L'Ikigai come stile di vita implica una ricerca costante e una volontà di sperimentare nuove attività e interessi.
2. Focalizzazione sulle passioni e le competenze: L'Ikigai come stile di vita implica anche la focalizzazione sulle passioni e le competenze personali. Questo significa che le attività e le scelte di vita sono orientate verso ciò che si ama fare e ciò in cui si è bravi. Questa focalizzazione può portare a una maggiore soddisfazione e realizzazione nella vita.
3. Vivere in modo autentico: L'Ikigai come stile di vita implica anche la vivere in modo autentico, cioè essere fedeli a se stessi e ai propri valori. Questo può richiedere il coraggio di prendere decisioni difficili e di perseguire ciò in cui si crede veramente. Tuttavia, la vita autentica e allineata ai propri valori può portare a una maggiore felicità e realizzazione personale.
4. Connessione con gli altri: L'Ikigai come stile di vita implica anche la connessione con gli altri. Questa connessione può essere raggiunta attraverso relazioni significative e una partecipazione attiva nella propria comunità. La connessione con gli altri

può portare a un senso di appartenenza e a una maggiore felicità nella vita.

5. Mindfulness e consapevolezza: Infine, l'Ikigai come stile di vita implica anche la mindfulness e la consapevolezza. Questo significa vivere nel momento presente e apprezzare le cose semplici della vita. La mindfulness e la consapevolezza possono aiutare a ridurre lo stress e l'ansia, e a vivere una vita più equilibrata e felice.

In sintesi, l'Ikigai come stile di vita implica una ricerca continua della propria ragione di essere, una focalizzazione sulle passioni e le competenze, la vivere in modo autentico, la connessione con gli altri, e la mindfulness e la consapevolezza. Vivere l'Ikigai come stile di vita può portare a una maggiore soddisfazione, felicità e realizzazione personale.

La pratica quotidiana dell'Ikigai

L'Ikigai non è solo una filosofia o uno stile di vita, ma può diventare una pratica quotidiana. In questo capitolo, esploreremo come si può praticare l'Ikigai nella vita di tutti i giorni.

1. Riflettere sulla propria vita: La pratica dell'Ikigai inizia con una riflessione sulla propria vita e sui propri valori. Ciò può richiedere di fare domande profonde su ciò che ci rende felici, ciò in cui siamo bravi, e ciò che troviamo significativo. Questa riflessione può aiutare a trovare la propria ragione di essere e il proprio Ikigai.
2. Sperimentare nuove attività e interessi: La pratica dell'Ikigai implica anche la sperimentazione di nuove attività e interessi. Ciò può significare uscire dalla propria zona di comfort e provare cose nuove. Sperimentare nuove attività e interessi può aiutare a scoprire nuove passioni e a sviluppare nuove competenze.
3. Trovare il significato nelle attività quotidiane: La pratica dell'Ikigai implica anche trovare il significato nelle attività quotidiane. Anche le attività più banali possono avere un senso se sono in linea con i propri valori e la propria ragione di essere. Trovare il significato nelle attività quotidiane può aiutare a vivere in modo più significativo e allineato ai propri valori.
4. Focalizzarsi sulla connessione con gli altri: La pratica dell'Ikigai implica anche la focalizzazione sulla connessione con gli altri. Ciò può significare partecipare a progetti o attività comunitarie, o semplicemente essere presenti per gli amici e la

famiglia. La connessione con gli altri può portare a un senso di appartenenza e di felicità nella vita.

5. Mantenere la mindfulness e la consapevolezza: Infine, la pratica dell'Ikigai implica anche mantenere la mindfulness e la consapevolezza nella vita quotidiana. Ciò significa vivere nel momento presente e apprezzare le cose semplici della vita. La mindfulness e la consapevolezza possono aiutare a ridurre lo stress e l'ansia, e a vivere una vita più equilibrata e felice.

In sintesi, la pratica quotidiana dell'Ikigai implica riflettere sulla propria vita e sui propri valori, sperimentare nuove attività e interessi, trovare il significato nelle attività quotidiane, focalizzarsi sulla connessione con gli altri, e mantenere la mindfulness e la consapevolezza. Questa pratica può aiutare a vivere in modo più significativo, allineato ai propri valori e con una maggiore felicità e realizzazione personale.

I miti comuni sull'Ikigai

L'Ikigai è diventato un concetto popolare negli ultimi anni, ma ci sono anche molti miti e malintesi associati ad esso. In questo capitolo, esploreremo alcuni dei miti comuni sull'Ikigai e spiegheremo perché sono errati.

1. L'Ikigai è qualcosa che si trova una volta per tutte Un mito comune sull'Ikigai è che sia qualcosa che si trova una volta per tutte e che una volta trovato, rimane costante per tutta la vita. In realtà, l'Ikigai è un percorso di scoperta e di crescita continua. La nostra ragione di essere e le nostre passioni possono evolversi e cambiare nel corso del tempo, quindi l'Ikigai è un concetto dinamico.
2. L'Ikigai è solo per i giapponesi Un altro mito comune sull'Ikigai è che sia un concetto esclusivamente giapponese e che non possa essere applicato ad altre culture. In realtà, la ricerca della propria ragione di essere e del proprio significato nella vita è universale e può essere applicata a qualsiasi cultura e contesto.
3. L'Ikigai è qualcosa che si può trovare solo nella propria carriera Un altro mito comune sull'Ikigai è che sia qualcosa che si può trovare solo nella propria carriera o nel proprio lavoro. In realtà, l'Ikigai può essere trovato in qualsiasi aspetto della vita, dalle relazioni personali all'hobby e al volontariato. La carriera è solo una parte dell'Ikigai complessivo di una persona.
4. L'Ikigai è qualcosa che si può raggiungere solo con la felicità e la realizzazione completa Un altro mito comune sull'Ikigai è che sia qualcosa che si può raggiungere solo con la felicità e la realizzazione

completa. In realtà, l'Ikigai può essere trovato anche nelle sfide e nelle difficoltà della vita. La ricerca della propria ragione di essere può essere un percorso lungo e difficile, ma può portare a una maggiore felicità e realizzazione personale.

5. L'Ikigai è una soluzione magica per tutti i problemi della vita Infine, un mito comune sull'Ikigai è che sia una soluzione magica per tutti i problemi della vita. In realtà, l'Ikigai è solo uno strumento che può aiutare a trovare la propria ragione di essere e il proprio significato nella vita. Non risolve tutti i problemi della vita, ma può fornire una guida per affrontarli in modo più efficace.

In sintesi, l'Ikigai è spesso circondato da miti e malintesi comuni. Tuttavia, comprenderne la natura dinamica, la sua applicazione universale e la sua capacità di essere trovato in qualsiasi aspetto della vita, può aiutare a utilizzarlo come uno strumento efficace per la scoperta della propria ragione di essere e della propria felicità personale.

La differenza tra Ikigai e passione

L'Ikigai e la passione sono spesso associati tra loro, ma in realtà ci sono alcune differenze importanti tra i due concetti. In questo capitolo, esploreremo la differenza tra Ikigai e passione.

1. La passione è orientata verso l'individuo, l'Ikigai è orientato verso il mondo: La passione è spesso orientata verso l'individuo e ciò che lo rende felice. È basata sui propri interessi personali e ciò che ci piace fare. L'Ikigai, d'altra parte, è orientato verso il mondo e ciò che può fare di bene per gli altri. È basato sulle proprie competenze e ciò che si può fare per il mondo.
2. La passione è spesso una cosa, l'Ikigai è una combinazione di quattro elementi: La passione è spesso associata a una cosa specifica, come l'arte, lo sport o la cucina. L'Ikigai, d'altra parte, è una combinazione di quattro elementi: ciò che si ama, ciò in cui si è bravi, ciò di cui il mondo ha bisogno e ciò che ci paga.
3. La passione è spesso temporanea, l'Ikigai è duraturo: La passione può essere temporanea e cambiare nel corso del tempo. Ciò che ci piace oggi potrebbe non piacerci domani. L'Ikigai, d'altra parte, è una ragione di essere duratura che guida la vita di una persona in modo costante.
4. La passione può essere egoistica, l'Ikigai è orientato verso gli altri: La passione può essere egoistica e orientata solo verso il proprio benessere e felicità. L'Ikigai, d'altra parte, è orientato verso gli altri e ciò che può fare di bene per la società e il mondo.

In sintesi, la differenza tra Ikigai e passione è che la passione è spesso orientata verso l'individuo e ciò che lo rende felice, mentre l'Ikigai è orientato verso il mondo e ciò che si può fare per gli altri. L'Ikigai è una ragione di essere duratura che combina ciò che si ama, ciò in cui si è bravi, ciò di cui il mondo ha bisogno e ciò che ci paga. Comprendere la differenza tra i due concetti può aiutare a utilizzare l'Ikigai come uno strumento per guidare la propria vita in modo significativo e allineato ai propri valori e alla società.

Come l'Ikigai può aiutare nella carriera professionale

L'Ikigai non è solo una filosofia di vita, ma può anche essere applicato alla carriera professionale. In questo capitolo, esploreremo come l'Ikigai può aiutare nella scelta e nella realizzazione della carriera.

1. Scoprire le proprie competenze e passioni: La pratica dell'Ikigai inizia con la scoperta di ciò che si ama fare e ciò in cui si è bravi. Questo può aiutare a individuare le proprie competenze e passioni, che possono essere utilizzate nella scelta della carriera professionale.
2. Identificare ciò che il mondo ha bisogno: L'Ikigai implica anche l'identificazione di ciò di cui il mondo ha bisogno. Ciò può essere fatto attraverso la ricerca di mercati in crescita o di settori in cui si verifica una carenza di competenze. Identificare ciò di cui il mondo ha bisogno può aiutare a scegliere una carriera che sia utile e significativa per la società.
3. Trovare il significato nella propria carriera: L'Ikigai implica anche trovare il significato nella propria carriera. Ciò significa scegliere un lavoro che sia allineato con i propri valori e che permetta di fare la differenza nel mondo. Trovare il significato nella propria carriera può portare a una maggiore felicità e realizzazione personale.
4. Sperimentare diverse carriere e opportunità: La pratica dell'Ikigai implica anche la sperimentazione di diverse carriere e opportunità. Ciò può significare uscire dalla propria zona di comfort e provare cose

nuove. Sperimentare diverse carriere e opportunità può aiutare a scoprire nuove passioni e competenze, e a trovare la carriera giusta.

5. Creare un piano d'azione: Infine, l'Ikigai implica anche la creazione di un piano d'azione per raggiungere gli obiettivi di carriera. Ciò significa identificare le azioni specifiche che devono essere intraprese per raggiungere gli obiettivi di carriera, come l'acquisizione di nuove competenze o la ricerca di opportunità di lavoro.

In sintesi, l'Ikigai può aiutare nella scelta e nella realizzazione della carriera professionale. Scoprire le proprie competenze e passioni, identificare ciò di cui il mondo ha bisogno, trovare il significato nella propria carriera, sperimentare diverse carriere e opportunità e creare un piano d'azione possono aiutare a individuare una carriera significativa e allineata ai propri valori e alla società.

L'Ikigai e il lavoro in team

Il lavoro in team è un aspetto importante della vita professionale e può avere un impatto significativo sulla realizzazione dell'Ikigai. In questo capitolo, esploreremo come l'Ikigai può influenzare il lavoro in team e come il lavoro in team può aiutare a realizzare l'Ikigai.

1. Identificare le competenze e le passioni dei membri del team: Per realizzare l'Ikigai all'interno di un team, è importante che ogni membro del team identifichi le proprie competenze e passioni. Ciò può aiutare a distribuire i compiti in modo efficace e a garantire che ogni membro del team si senta coinvolto e motivato.
2. Identificare l'Ikigai del team: Oltre a identificare le competenze e le passioni dei singoli membri del team, è anche importante identificare l'Ikigai del team nel suo complesso. Ciò significa identificare il significato e l'obiettivo del lavoro del team, e come questo si allinea con i valori e la missione dell'organizzazione.
3. Sviluppare la comunicazione e la collaborazione: Per realizzare l'Ikigai all'interno di un team, è essenziale sviluppare la comunicazione e la collaborazione. Ciò significa creare uno spazio aperto e rispettoso in cui i membri del team possano condividere le proprie opinioni e idee, e lavorare insieme per raggiungere gli obiettivi comuni.
4. Promuovere la flessibilità e l'adattabilità: L'Ikigai implica anche la flessibilità e l'adattabilità. Questi tratti possono essere particolarmente utili in un ambiente di lavoro in team, dove le esigenze e le priorità possono cambiare rapidamente. Essere

flessibili e adattabili può aiutare il team a rimanere concentrato sugli obiettivi comuni e a lavorare insieme in modo efficace.

5. Celebrare i successi del team: Infine, per realizzare l'Ikigai all'interno di un team, è importante celebrare i successi del team. Ciò significa riconoscere il lavoro svolto dai membri del team e celebrare i traguardi raggiunti. Questo può aiutare a mantenere alta la motivazione e il senso di realizzazione dei membri del team.

In sintesi, l'Ikigai può avere un impatto significativo sul lavoro in team. Identificare le competenze e le passioni dei membri del team, identificare l'Ikigai del team nel suo complesso, sviluppare la comunicazione e la collaborazione, promuovere la flessibilità e l'adattabilità e celebrare i successi del team possono aiutare a realizzare l'Ikigai all'interno di un ambiente di lavoro collaborativo e motivante.

Come l'Ikigai può aiutare nella gestione dello stress

Lo stress è una parte inevitabile della vita e può avere un impatto significativo sulla salute mentale e fisica. In questo capitolo, esploreremo come l'Ikigai può aiutare nella gestione dello stress.

1. Identificare l'Ikigai: La prima cosa da fare per gestire lo stress con l'Ikigai è identificare la propria ragione di essere. L'Ikigai può aiutare a mantenere una prospettiva positiva e a ricordare i motivi per cui si sta lavorando così duramente.
2. Focalizzarsi sul presente: L'Ikigai implica la concentrazione sul presente. Ciò significa concentrarsi sulle attività attuali e sulle esperienze piacevoli. Ciò può aiutare a ridurre l'ansia e lo stress associati alla preoccupazione per il futuro o al rimpianto del passato.
3. Fare attività che si amano: Fare attività che si amano è una parte importante della pratica dell'Ikigai. Questo può aiutare a ridurre lo stress e aumentare il senso di felicità e soddisfazione. Fare attività che si amano può anche aiutare a ridurre la pressione del lavoro e a mantenere una prospettiva positiva.
4. Sperimentare nuove cose: La pratica dell'Ikigai implica anche la sperimentazione di nuove cose. Questo può aiutare a ridurre la monotonia e lo stress associati alla routine quotidiana. La sperimentazione di nuove attività può anche aiutare a scoprire nuove passioni e a mantenere la mente aperta.

5. Trovare un equilibrio tra lavoro e vita privata: L'Ikigai implica anche trovare un equilibrio tra lavoro e vita privata. Ciò significa dedicare del tempo alle attività che si amano e alle relazioni significative, oltre al lavoro. Trovare un equilibrio tra lavoro e vita privata può aiutare a ridurre lo stress e a mantenere una prospettiva equilibrata sulla vita.

In sintesi, l'Ikigai può aiutare nella gestione dello stress identificando la propria ragione di essere, focalizzandosi sul presente, facendo attività che si amano, sperimentando nuove cose e trovando un equilibrio tra lavoro e vita privata. Incorporare la pratica dell'Ikigai nella propria vita quotidiana può aiutare a ridurre lo stress e a mantenere una prospettiva positiva sulla vita.

L'Ikigai e la meditazione

La meditazione è una pratica che ha numerosi benefici per la salute mentale e fisica. In questo capitolo, esploreremo come l'Ikigai e la meditazione possono lavorare insieme per migliorare il benessere generale.

1. Concentrarsi sul momento presente: La meditazione implica la concentrazione sul momento presente. Ciò significa lasciare andare i pensieri e le preoccupazioni riguardanti il passato o il futuro, e concentrarsi sul qui e ora. Questa pratica è in linea con l'approccio dell'Ikigai che incoraggia la concentrazione sul momento presente e sulle attività attuali.
2. Ridurre lo stress e l'ansia: La meditazione è una pratica che può ridurre lo stress e l'ansia. Ciò è particolarmente utile per chi cerca di realizzare l'Ikigai, poiché lo stress e l'ansia possono impedire di concentrarsi sulle attività importanti e di trovare il significato nella propria vita.
3. Migliorare la consapevolezza di sé: La meditazione può anche migliorare la consapevolezza di sé. Questa pratica può aiutare a comprendere i propri pensieri, emozioni e comportamenti, e a sviluppare una maggiore comprensione di sé stessi. Ciò può aiutare a identificare l'Ikigai e a fare scelte che siano allineate con i propri valori e obiettivi.
4. Aumentare la creatività: La meditazione può anche aumentare la creatività. Questa pratica può aiutare a liberare la mente dai pensieri limitanti e a generare nuove idee. Ciò può essere particolarmente utile per coloro che cercano di realizzare l'Ikigai, poiché la

creatività può portare alla scoperta di nuove passioni e opportunità.

5. Ridurre l'irritabilità e la frustrazione: Infine, la meditazione può aiutare a ridurre l'irritabilità e la frustrazione. Questa pratica può aiutare a sviluppare una maggiore tolleranza per le sfide e le difficoltà della vita. Ciò può aiutare a mantenere una prospettiva positiva sulla vita e ad affrontare le sfide con una mente aperta e una maggiore resilienza.

In sintesi, l'Ikigai e la meditazione possono lavorare insieme per migliorare il benessere generale. La concentrazione sul momento presente, la riduzione dello stress e dell'ansia, la migliore consapevolezza di sé, l'aumento della creatività e la riduzione dell'irritabilità e della frustrazione sono solo alcuni dei benefici che possono derivare dalla pratica combinata dell'Ikigai e della meditazione. Integrare la meditazione nella propria pratica dell'Ikigai può aiutare a raggiungere una maggiore realizzazione personale e un senso di pace interiore.

L'Ikigai e la gratitudine

La gratitudine è una pratica che può avere un impatto significativo sulla salute mentale e fisica. In questo capitolo, esploreremo come l'Ikigai e la gratitudine possono lavorare insieme per migliorare il benessere generale.

1. Apprezzare le piccole cose: L'Ikigai incoraggia la concentrazione sul momento presente e l'apprezzamento delle piccole cose. La pratica della gratitudine si concentra sul riconoscimento di ciò che è già presente nella propria vita e sul ringraziamento per ciò che si ha. Questa pratica può aiutare a mantenere una prospettiva positiva e a trovare il significato nella propria vita.
2. Ridurre la negatività: La gratitudine è anche una pratica che può ridurre la negatività. Ciò significa concentrarsi sulle cose positive e sulle esperienze piacevoli, invece di concentrarsi sulle cose negative o sui problemi. Questa pratica è in linea con l'approccio dell'Ikigai che incoraggia la concentrazione sulle cose che portano gioia e soddisfazione.
3. Migliorare la relazione con gli altri: La gratitudine può anche migliorare la relazione con gli altri. Essere grati per le persone che ci circondano può portare a una maggiore empatia e comprensione. Ciò può aiutare a creare relazioni più significative e a migliorare la qualità della vita.
4. Aumentare la resilienza: La gratitudine può anche aumentare la resilienza. Essere grati per ciò che si ha può aiutare a sviluppare una maggiore capacità di affrontare le difficoltà della vita. Ciò può aiutare a mantenere una prospettiva positiva e ad affrontare

le sfide con una mente aperta e una maggiore resilienza.

5. Migliorare la salute mentale: Infine, la gratitudine può migliorare la salute mentale. Essere grati per ciò che si ha può aumentare la felicità e la soddisfazione nella vita. Ciò può portare a una maggiore motivazione e ad una maggiore realizzazione dell'Ikigai.

In sintesi, l'Ikigai e la gratitudine possono lavorare insieme per migliorare il benessere generale. L'apprezzamento delle piccole cose, la riduzione della negatività, il miglioramento della relazione con gli altri, l'aumento della resilienza e il miglioramento della salute mentale sono solo alcuni dei benefici che possono derivare dalla pratica combinata dell'Ikigai e della gratitudine. Integrare la gratitudine nella propria pratica dell'Ikigai può aiutare a raggiungere una maggiore realizzazione personale e un senso di pace interiore.

L'Ikigai e la ricerca della felicità

La felicità è un obiettivo comune nella vita, ma a volte può sembrare difficile da raggiungere. In questo capitolo, esploreremo come l'Ikigai e la ricerca della felicità sono strettamente collegati.

1. Identificare l'Ikigai: L'identificazione dell'Ikigai può aiutare nella ricerca della felicità. Sapere il proprio scopo e la propria passione nella vita può fornire una guida e un senso di direzione. Ciò può aiutare a mantenere una prospettiva positiva e a trovare la felicità nella propria vita.
2. Concentrarsi sul presente: L'Ikigai implica la concentrazione sul momento presente. Questa pratica può aiutare a ridurre l'ansia e lo stress associati alla preoccupazione per il futuro o al rimpianto del passato. Concentrarsi sul presente può aiutare a godere delle piccole cose nella vita e a trovare la felicità in ogni momento.
3. Fare attività che si amano: Fare attività che si amano è una parte importante della pratica dell'Ikigai. Ciò può aiutare a ridurre lo stress e aumentare il senso di felicità e soddisfazione. Fare attività che si amano può anche aiutare a trovare un senso di realizzazione e felicità nella vita.
4. Sperimentare nuove cose: La pratica dell'Ikigai implica anche la sperimentazione di nuove cose. Ciò può aiutare a scoprire nuove passioni e a trovare nuove fonti di felicità nella vita. Sperimentare nuove attività può anche aiutare a mantenere la mente aperta e a scoprire nuovi interessi.

5. Coltivare relazioni significative: Le relazioni significative sono importanti per la felicità. Coltivare relazioni sane e significative può portare a una maggiore felicità e soddisfazione nella vita. L'Ikigai incoraggia anche la condivisione del proprio scopo e delle proprie passioni con gli altri, il che può portare a connessioni più significative e ad una maggiore felicità nella vita.

In sintesi, l'Ikigai e la ricerca della felicità sono strettamente collegati. L'identificazione dell'Ikigai, la concentrazione sul presente, le attività che si amano, la sperimentazione di nuove cose e le relazioni significative sono solo alcuni dei modi in cui l'Ikigai può aiutare nella ricerca della felicità. Integrare la pratica dell'Ikigai nella propria vita quotidiana può aiutare a trovare un senso di scopo e passione, e a vivere una vita più felice e soddisfacente.

L'Ikigai e la spiritualità

La spiritualità può essere definita come una connessione con qualcosa di più grande di sé. In questo capitolo, esploreremo come l'Ikigai e la spiritualità possono lavorare insieme per migliorare il benessere generale.

1. Connessione con la propria passione: L'Ikigai si concentra sulla connessione con la propria passione e il proprio scopo nella vita. Ciò può essere visto come una forma di spiritualità poiché implica la connessione con qualcosa di più grande di sé. Trovare l'Ikigai può portare ad una maggiore comprensione di sé stessi e alla connessione con la propria spiritualità.
2. Connessione con gli altri: La spiritualità può anche implicare la connessione con gli altri. L'Ikigai incoraggia la condivisione del proprio scopo e delle proprie passioni con gli altri, il che può portare a relazioni più significative e ad una maggiore connessione con gli altri. Questa connessione con gli altri può essere vista come una forma di spiritualità.
3. Mindfulness: La spiritualità può anche essere associata alla mindfulness, che è la pratica di concentrarsi sul momento presente e di essere consapevoli delle proprie emozioni e pensieri. L'Ikigai implica la concentrazione sul presente e sulle attività attuali, il che può portare ad una maggiore consapevolezza di sé e alla connessione con la propria spiritualità.
4. Compassione: La spiritualità può anche essere associata alla compassione. Essere compassionevoli verso gli altri e verso se stessi può portare ad una

maggiore felicità e benessere. L'Ikigai incoraggia l'identificazione del proprio scopo nella vita e la condivisione di questo scopo con gli altri, il che può portare ad una maggiore compassione e connessione con gli altri.

5. Senso di significato: Infine, la spiritualità può essere associata al senso di significato nella vita. Trovare l'Ikigai può portare ad una maggiore comprensione del proprio scopo nella vita e del significato della propria esistenza. Questo senso di significato può essere visto come una forma di spiritualità.

In sintesi, l'Ikigai e la spiritualità possono lavorare insieme per migliorare il benessere generale. La connessione con la propria passione, la connessione con gli altri, la mindfulness, la compassione e il senso di significato nella vita sono solo alcuni dei modi in cui l'Ikigai può aiutare nella connessione con la propria spiritualità. Integrare la pratica dell'Ikigai nella propria vita quotidiana può aiutare a trovare un senso di scopo e passione, e a connettersi con qualcosa di più grande di sé.

L'Ikigai e l'arte di vivere lentamente

L'arte di vivere lentamente, nota anche come "slow living", è una filosofia di vita che incoraggia a rallentare il ritmo della vita e a concentrarsi sulle attività e le esperienze più significative. In questo capitolo, esploreremo come l'Ikigai e l'arte di vivere lentamente sono strettamente correlati.

1. Concentrarsi sulle attività significative: L'Ikigai incoraggia a concentrarsi sulle attività più significative e a ridurre la distrazione da attività superficiali. Questa pratica è in linea con l'arte di vivere lentamente, che incoraggia a rallentare il ritmo della vita e a concentrarsi sulle attività che portano felicità e soddisfazione. Concentrandosi sulle attività significative, si può trovare una maggiore soddisfazione nella vita e vivere in modo più consapevole.
2. Valorizzare i momenti di pausa: L'arte di vivere lentamente incoraggia anche a valorizzare i momenti di pausa e di riposo. Ciò significa che è importante prendersi il tempo per rilassarsi e ricaricare le energie. Questa pratica può aiutare a ridurre lo stress e ad aumentare la felicità e la soddisfazione nella vita.
3. Vivere nel momento presente: L'Ikigai implica la concentrazione sul momento presente e la consapevolezza delle proprie emozioni e pensieri. Questa pratica è in linea con l'arte di vivere lentamente, che incoraggia a vivere nel momento presente e a concentrarsi sulle attività e le esperienze attuali. Vivere nel momento presente può aiutare a ridurre l'ansia e lo stress associati alla

preoccupazione per il futuro o al rimpianto del passato.

4. Apprezzare le piccole cose: L'arte di vivere lentamente incoraggia l'apprezzamento delle piccole cose nella vita. Ciò significa concentrarsi sulle cose semplici e sulle esperienze piacevoli nella vita. Questa pratica è in linea con l'approccio dell'Ikigai che incoraggia la concentrazione sulle cose che portano gioia e soddisfazione. Apprezzare le piccole cose può aiutare a vivere in modo più consapevole e a trovare la felicità nelle cose più semplici della vita.
5. Creare uno stile di vita equilibrato: Infine, l'arte di vivere lentamente incoraggia a creare uno stile di vita equilibrato. Ciò significa trovare un equilibrio tra lavoro, svago, riposo e relazioni. L'Ikigai incoraggia anche l'equilibrio nella vita e la creazione di uno stile di vita che sia in linea con il proprio scopo e le proprie passioni.

In sintesi, l'Ikigai e l'arte di vivere lentamente sono strettamente correlati. Concentrarsi sulle attività significative, valorizzare i momenti di pausa, vivere nel momento presente, apprezzare le piccole cose e creare uno stile di vita equilibrato sono solo alcuni dei modi in cui l'Ikigai può aiutare nella pratica dell'arte di vivere lentamente. Integrare la pratica dell'Ikigai nella propria vita quotidiana può aiutare a rallentare il ritmo della vita e a concentrarsi sulle attività e le esperienze più significative. Ciò può portare ad una maggiore felicità e soddisfazione nella vita e alla creazione di uno stile di vita più equilibrato.

Inoltre, l'Ikigai può aiutare a trovare un senso di scopo e di passione nella vita, il che può essere un'importante fonte di motivazione per la pratica dell'arte di vivere lentamente.

Quando si ha un forte senso di scopo e passione nella vita, si è più motivati a concentrarsi sulle attività più significative e a creare uno stile di vita equilibrato.

In sintesi, l'Ikigai e l'arte di vivere lentamente sono due approcci alla vita che si completano a vicenda. Integrare la pratica dell'Ikigai nella propria vita quotidiana può aiutare a trovare un senso di scopo e di passione nella vita, e a vivere in modo più consapevole e equilibrato. La combinazione di questi due approcci può portare ad una vita più felice, soddisfacente e significativa.

L'Ikigai e il senso della vita

Il senso della vita è una domanda universale che affligge molte persone. L'Ikigai può offrire una risposta a questa domanda, aiutando a trovare un senso di scopo e di passione nella vita. In questo capitolo, esploreremo come l'Ikigai può aiutare a trovare il senso della vita.

1. Trovare il proprio scopo: L'Ikigai si concentra sul trovare il proprio scopo nella vita. Questo può essere un passo importante per trovare il senso della vita. Quando si ha un forte senso di scopo e di direzione nella vita, si è più motivati e felici. L'Ikigai può aiutare a identificare il proprio scopo e a creare uno stile di vita che sia in linea con questo scopo.
2. Concentrarsi sulle attività significative: L'Ikigai incoraggia a concentrarsi sulle attività più significative e a ridurre la distrazione da attività superficiali. Questo può aiutare a trovare il senso della vita, poiché ci si concentra sulle attività che portano felicità e soddisfazione. Concentrarsi sulle attività significative può aiutare a trovare un senso di scopo e di significato nella vita.
3. Vivere in modo consapevole: L'Ikigai implica la concentrazione sul momento presente e la consapevolezza delle proprie emozioni e pensieri. Vivere in modo consapevole può aiutare a trovare il senso della vita, poiché ci si concentra sulle esperienze attuali e sulle attività significative. Vivere in modo consapevole può anche aiutare a ridurre lo stress e l'ansia associati alla preoccupazione per il futuro o al rimpianto del passato.

4. Creare relazioni significative: Le relazioni significative sono un'importante fonte di felicità e soddisfazione nella vita. L'Ikigai incoraggia la condivisione del proprio scopo e delle proprie passioni con gli altri, il che può portare a relazioni più significative e ad una maggiore connessione con gli altri. Creare relazioni significative può aiutare a trovare il senso della vita, poiché si è circondati da persone che condividono i propri valori e obiettivi.
5. Crescita personale: Infine, la crescita personale può essere un'importante fonte di senso della vita. L'Ikigai incoraggia la ricerca della propria crescita personale e dello sviluppo costante. Questo può aiutare a trovare un senso di scopo e di significato nella vita, poiché si è impegnati nella continua ricerca di nuove conoscenze e sfide.

In sintesi, l'Ikigai può aiutare a trovare il senso della vita attraverso la ricerca del proprio scopo, la concentrazione sulle attività significative, la consapevolezza del presente, la creazione di relazioni significative e la crescita personale. Integrare la pratica dell'Ikigai nella propria vita quotidiana può aiutare a trovare un senso di scopo e di significato nella vita, e ad affrontare le sfide e le difficoltà con una maggiore resilienza e forza interiore.

Tuttavia, è importante notare che il senso della vita è un'esperienza personale e individuale. Ciò significa che ciò che può essere significativo per una persona potrebbe non esserlo per un'altra. L'Ikigai può aiutare a trovare il proprio senso della vita, ma è importante anche accettare che questo senso può cambiare e svilupparsi nel corso del tempo.

Inoltre, il senso della vita non è qualcosa che si trova immediatamente. Può richiedere tempo e sforzo per scoprirlo e svilupparlo. È importante essere pazienti e aperti alla possibilità di cambiare e crescere nel corso del tempo.

In conclusione, l'Ikigai può essere un utile strumento per trovare il senso della vita. Attraverso la ricerca del proprio scopo, la concentrazione sulle attività significative, la consapevolezza del presente, la creazione di relazioni significative e la crescita personale, si può trovare un senso di scopo e di significato nella vita. Tuttavia, è importante accettare che il senso della vita è un'esperienza personale e individuale che può cambiare e svilupparsi nel corso del tempo.

Come l'Ikigai può aiutare nella presa di decisioni

La presa di decisioni può essere un'esperienza stressante e difficile. L'Ikigai può essere un utile strumento per prendere decisioni più consapevoli e significative. In questo capitolo, esploreremo come l'Ikigai può aiutare nella presa di decisioni.

1. Identificare le proprie priorità: L'Ikigai si concentra sul trovare il proprio scopo nella vita. Questo può essere un'importante fonte di orientamento nella presa di decisioni. Quando si ha un forte senso di scopo e di direzione nella vita, si è più in grado di identificare le proprie priorità e di prendere decisioni che siano in linea con queste priorità. Identificare le proprie priorità può aiutare a fare scelte più consapevoli e significative.
2. Valutare le opzioni in base alle proprie passioni e competenze: L'Ikigai incoraggia a concentrarsi sulle attività più significative e sulle passioni personali. Quando si valutano le opzioni, è utile considerare come queste opzioni si allineano con le proprie passioni e competenze. Ciò può aiutare a prendere decisioni che siano in linea con le proprie passioni e che si sentano più significative.
3. Considerare l'impatto sul proprio benessere: L'Ikigai si concentra sul trovare un equilibrio tra le sfide e il benessere personale. Quando si prendono decisioni, è importante considerare l'impatto che queste decisioni avranno sul proprio benessere mentale, fisico e spirituale. Prendere decisioni che siano in

linea con il proprio benessere può aiutare a ridurre lo stress e l'ansia associati alle decisioni difficili.

4. Pianificare le azioni future: L'Ikigai incoraggia la creazione di piani d'azione per raggiungere i propri obiettivi e scopi. Quando si prendono decisioni, è utile considerare le azioni future necessarie per realizzare queste decisioni. Ciò può aiutare a creare un senso di direzione e di controllo nella presa di decisioni.
5. Essere aperti al cambiamento: Infine, l'Ikigai incoraggia ad essere aperti al cambiamento e allo sviluppo costante. Quando si prendono decisioni, è importante considerare come queste decisioni possono evolversi e cambiare nel tempo. Essere aperti al cambiamento può aiutare ad adattarsi alle nuove circostanze e alle nuove opportunità.

In sintesi, l'Ikigai può essere un utile strumento nella presa di decisioni. Identificare le proprie priorità, valutare le opzioni in base alle proprie passioni e competenze, considerare l'impatto sul proprio benessere, pianificare le azioni future e essere aperti al cambiamento possono aiutare a prendere decisioni più consapevoli e significative. Integrare la pratica dell'Ikigai nella propria vita quotidiana può aiutare ad affrontare le decisioni con maggiore forza interiore e a creare uno stile di vita più equil ibrato e significativo.

Tuttavia, è importante notare che la presa di decisioni è un'esperienza personale e individuale. Ciò significa che ciò che può essere significativo per una persona potrebbe non esserlo per un'altra. L'Ikigai può aiutare a prendere decisioni più consapevoli e significative, ma è importante anche accettare che le decisioni possono cambiare e svilupparsi nel corso del tempo.

Inoltre, la presa di decisioni non è qualcosa che si risolve immediatamente. Può richiedere tempo e sforzo per identificare le proprie priorità, valutare le opzioni e pianificare le azioni future. È importante essere pazienti e aperti alla possibilità di cambiare e crescere nel corso del tempo.

In conclusione, l'Ikigai può essere un utile strumento nella presa di decisioni. Identificare le proprie priorità, valutare le opzioni in base alle proprie passioni e competenze, considerare l'impatto sul proprio benessere, pianificare le azioni future e essere aperti al cambiamento possono aiutare a prendere decisioni più consapevoli e significative. Tuttavia, è importante accettare che la presa di decisioni è un'esperienza personale e individuale che può cambiare e svilupparsi nel corso del tempo.

L'Ikigai e la creazione di abitudini positive

Le abitudini sono comportamenti che si ripetono regolarmente nel tempo. Queste abitudini possono influenzare la nostra salute mentale, fisica e spirituale. L'Ikigai può essere un utile strumento per creare abitudini positive nella propria vita. In questo capitolo, esploreremo come l'Ikigai può aiutare nella creazione di abitudini positive.

1. Identificare le proprie priorità: Come abbiamo visto in precedenza, l'Ikigai si concentra sulla ricerca del proprio scopo nella vita. Identificare le proprie priorità può aiutare a creare abitudini che siano in linea con questi obiettivi. Ad esempio, se l'Ikigai si concentra sulla salute mentale, si possono creare abitudini come la meditazione o la scrittura del diario per aiutare a gestire lo stress.
2. Concentrarsi sulle attività significative: L'Ikigai incoraggia a concentrarsi sulle attività che portano significato e soddisfazione nella propria vita. Queste attività possono aiutare a creare abitudini positive che si sentono naturali e soddisfacenti. Ad esempio, se l'Ikigai si concentra sulla creatività, si possono creare abitudini come la pittura o la scrittura creativa per esprimere la propria creatività e migliorare il proprio benessere.
3. Creare un piano d'azione: L'Ikigai incoraggia a creare un piano d'azione per raggiungere i propri obiettivi e scopi. Questo può essere utile anche per creare abitudini positive. Ad esempio, si può creare

un piano d'azione per fare attività fisica regolarmente o per mangiare cibi sani.

4. Essere consapevoli del presente: L'Ikigai incoraggia a essere presenti nel momento presente e ad apprezzare le piccole cose della vita. Questa consapevolezza può aiutare a creare abitudini positive che siano significative e apprezzate nella propria vita quotidiana. Ad esempio, si può creare l'abitudine di prendersi qualche minuto al giorno per apprezzare la bellezza della natura o per ringraziare per le cose positive nella propria vita.
5. Sperimentare e adattarsi: Infine, l'Ikigai incoraggia a sperimentare e adattarsi. Questo può essere utile anche per creare abitudini positive. Ad esempio, si può sperimentare con diverse attività per trovare quelle che si sentono più soddisfacenti e significative. Inoltre, si può adattare le abitudini a diverse situazioni o periodi della vita per garantire che siano sostenibili nel lungo termine.

In sintesi, l'Ikigai può essere un utile strumento per creare abitudini positive nella propria vita. Identificare le proprie priorità, concentrarsi sulle attività significative, creare un piano d'azione, essere consapevoli del presente e sperimentare e adattarsi possono aiutare a creare abitudini che siano in linea con i propri obiettivi e che portino significato e soddisfazione nella vita quotidiana.

Tuttavia, è importante notare che la creazione di abitudini positive richiede tempo e sforzo. Può essere utile creare obiettivi realistici e gradualmente lavorare per raggiungerli. Inoltre, è importante essere pazienti e gentili con se stessi durante il processo di creazione di abitudini positive.

Inoltre, è importante notare che ciò che funziona per una persona potrebbe non funzionare per un'altra. Le abitudini positive sono un'esperienza personale e individuale, quindi è importante sperimentare e trovare ciò che funziona meglio per se stessi.

In conclusione, l'Ikigai può essere un utile strumento per creare abitudini positive nella propria vita. Identificare le proprie priorità, concentrarsi sulle attività significative, creare un piano d'azione, essere consapevoli del presente e sperimentare e adattarsi possono aiutare a creare abitudini che siano in linea con i propri obiettivi e che portino significato e soddisfazione nella vita quotidiana. Tuttavia, è importante notare che la creazione di abitudini positive richiede tempo, sforzo e pazienza.

L'Ikigai come strumento di trasformazione personale

L'Ikigai può essere un potente strumento di trasformazione personale. Questo approccio alla vita si concentra sull'identificazione del proprio scopo e sulla ricerca della felicità e della soddisfazione. In questo capitolo, esploreremo come l'Ikigai può aiutare nella trasformazione personale.

1. Identificazione del proprio scopo: Uno dei principali principi dell'Ikigai è l'identificazione del proprio scopo nella vita. Questo può essere un potente catalizzatore per la trasformazione personale, poiché aiuta a concentrarsi su ciò che è importante e significativo nella propria vita. Identificare il proprio scopo può anche aiutare a trovare la motivazione e la direzione necessarie per apportare i cambiamenti desiderati nella propria vita.
2. Sperimentazione e adattamento: L'Ikigai incoraggia a sperimentare e adattare il proprio approccio alla vita. Questa mentalità può essere utile nella trasformazione personale, poiché permette di esplorare nuovi modi di pensare e di fare le cose. Sperimentare e adattare può anche aiutare a superare le sfide e ad adattarsi ai cambiamenti nella vita.
3. Consapevolezza e gratitudine: L'Ikigai incoraggia anche la consapevolezza del presente e la gratitudine per le cose positive nella vita. Questo può aiutare nella trasformazione personale, poiché aiuta a concentrarsi sulle cose buone nella vita e a

trovare la pace e la felicità nel momento presente. Essere consapevoli del presente può anche aiutare a prendere decisioni più consapevoli e significative.
4. Crescita personale e impegno: L'Ikigai incoraggia anche la crescita personale e l'impegno costante nel raggiungere i propri obiettivi e scopi. Questo può essere utile nella trasformazione personale, poiché aiuta a superare le sfide e a raggiungere nuovi livelli di successo e soddisfazione. L'impegno costante può anche aiutare a mantenere la motivazione e la direzione nella propria vita.
5. Autenticità e integrità: Infine, l'Ikigai incoraggia l'autenticità e l'integrità nella propria vita. Questo può essere un elemento importante nella trasformazione personale, poiché aiuta a vivere una vita che sia in linea con i propri valori e principi. Essere autentici e onesti con se stessi può anche aiutare a superare le sfide e ad apportare i cambiamenti desiderati nella propria vita.

In sintesi, l'Ikigai può essere un potente strumento di trasformazione personale. L'identificazione del proprio scopo, la sperimentazione e l'adattamento, la consapevolezza e la gratitudine, la crescita personale e l'impegno costante, l'autenticità e l'integrità possono tutti aiutare nella trasformazione personale. Tuttavia, è importante notare che la trasformazione personale richiede tempo, sforzo e impegno costante. Non esiste una soluzione rapida o facile per la trasformazione personale, ma l'Ikigai può fornire una guida preziosa per raggiungere i propri obiettivi e trovare la felicità e la soddisfazione nella vita.

Inoltre, è importante notare che la trasformazione personale può essere un processo difficile e impegnativo. Può comportare il superamento di vecchi schemi di pensiero e comportamento, nonché l'affrontare le proprie paure e insicurezze. Tuttavia, attraverso l'impegno costante e la perseveranza, la trasformazione personale può portare a una maggiore felicità, soddisfazione e realizzazione nella propria vita.

In conclusione, l'Ikigai può essere un potente strumento di trasformazione personale. L'identificazione del proprio scopo, la sperimentazione e l'adattamento, la consapevolezza e la gratitudine, la crescita personale e l'impegno costante, l'autenticità e l'integrità possono tutti aiutare nella trasformazione personale. Tuttavia, è importante notare che la trasformazione personale richiede tempo, sforzo e impegno costante. Con l'Ikigai come guida, è possibile raggiungere i propri obiettivi e trovare la felicità e la soddisfazione nella propria vita.

Conclusioni

L'Ikigai è un approccio alla vita giapponese che si concentra sull'identificazione del proprio scopo e sulla ricerca della felicità e della soddisfazione. In questo libro abbiamo esplorato in dettaglio gli aspetti dell'Ikigai, dalle origini e dalla storia, ai benefici per la salute mentale, alla sua applicazione nella carriera professionale e nella vita quotidiana.

Abbiamo anche esaminato alcuni dei miti comuni sull'Ikigai e la sua differenza rispetto alla passione, nonché come l'Ikigai può essere utilizzato come strumento di trasformazione personale.

Una cosa che abbiamo imparato è che l'Ikigai può essere un approccio molto utile per vivere una vita significativa e soddisfacente. Identificare il proprio scopo e concentrarsi sulle attività significative può aiutare a trovare la motivazione e la direzione necessarie per raggiungere i propri obiettivi e sperimentare una maggiore felicità e soddisfazione nella vita.

Inoltre, l'Ikigai può anche essere utilizzato come strumento per gestire lo stress e migliorare la salute mentale, nonché come strumento per creare abitudini positive nella propria vita.

Tuttavia, è importante notare che l'Ikigai non è una soluzione rapida o facile per la vita. Richiede tempo, sforzo e impegno costante per identificare il proprio scopo e trovare la felicità e la soddisfazione nella vita. Inoltre, l'Ikigai non è un approccio universale, e ciò che funziona per una persona potrebbe non funzionare per un'altra.

Ma nonostante queste sfide, l'Ikigai può essere un approccio molto utile per vivere una vita più significativa e soddisfacente. Può aiutare a trovare la motivazione e la direzione necessarie per raggiungere i propri obiettivi e sperimentare una maggiore felicità e soddisfazione nella vita quotidiana.

In conclusione, l'Ikigai è un approccio alla vita che può aiutare a trovare il proprio scopo e la felicità nella vita. Che si tratti di applicarlo nella carriera professionale, nella vita quotidiana o come strumento di trasformazione personale, l'Ikigai può essere un'utile guida per vivere una vita significativa e soddisfacente.

Grazie per aver letto il nostro libro sull'Ikigai! Speriamo che abbia fornito informazioni e idee utili per vivere una vita più significativa e soddisfacente.

Ci piacerebbe sentire i vostri pensieri e opinioni sul libro. Se vi è piaciuto e lo avete trovato utile, vi invitiamo gentilmente a lasciare una recensione positiva sulle piattaforme online dove avete acquistato il libro.

Ancora una volta, vi ringraziamo per averci dato la possibilità di condividere con voi l'importanza e la bellezza dell'Ikigai.

Printed in the USA
CPSIA information can be obtained
at www.ICGtesting.com
LVHW010024290424
778725LV00030B/851

9 798390 155271